MON CE1D EN FRANÇAIS

BENJAMIN VANDEVANDEL
VIRGINIE DOUCET

SOMMAIRE

PRÉSENTATION DE L'ÉPREUVE 5

Présentation 5
Temps 5
Impact sur la réussite de l'année scolaire 5
Lien vers le site de la FW-B 5

MÉTHODOLOGIE GÉNÉRALE 6

Planning 6
Hygiène 7
Compréhension des consignes 8
Gestion du stress 9

PRÉPARATION DE L'ÉPREUVE 11

RÉCIT DE FICTION 11
DOSSIER INFORMATIF 40
COMPRÉHENSION À L'AUDITION 60
MAITRISE D'OUTILS LIÉS À LA TÂCHE D'ÉCRITURE 66
TÂCHE D'ÉCRITURE 80

ANNEXE : RETRANSCRIPTION DE LA COMPRÉHENSION À L'AUDITION 89

CORRECTIF DES EXERCICES 93

LE RÉCIT DE FICTION 94
DOSSIER INFORMATIF 98
COMPRÉHENSION À L'AUDITION 100
MAITRISE D'OUTILS LIÉS À LA TÂCHE D'ÉCRITURE 102
TÂCHE D'ÉCRITURE 105

PRÉSENTATION DE L'ÉPREUVE

Présentation

Le CE1D ou certificat d'étude du 1er degré est une épreuve commune destinée aux élèves de 2e année commune et complémentaire, aux élèves de 3e année de différenciation et d'orientation et, à la demande des parents et sur décision du conseil de classe, à certains élèves de 1re année complémentaire et à certains élèves de 2e ou 3e phase de l'enseignement spécialisé de forme 3.

Cette épreuve, identique pour tous les élèves de la Fédération Wallonie-Bruxelles, se compose de quatre parties :

- une compréhension à la lecture portant sur un récit de fiction et un dossier informatif
- une compréhension à l'audition portant sur l'interview d'une personnalité,
- une partie « connaissance de la langue »
- l'écriture d'un texte argumenté

Temps

Afin que tous les élèves aient les mêmes conditions de travail, le temps de l'épreuve est strictement réglementé.

Pour la première partie, portant sur la compréhension à la lecture, les élèves disposent de 2 x 50 minutes. S'ensuit une petite pause.

Pour la seconde partie, les élèves disposent également de 2 x 50 minutes pour répondre aux questions concernant l'interview et pour rédiger un texte.

Impact sur la réussite de l'année scolaire

Le conseil de classe doit considérer que les élèves qui obtiennent au moins 50% à l'épreuve maitrisent les compétences attendues pour la discipline concernée. Pour les élèves qui n'ont pas satisfait ou qui n'ont pu participer à l'épreuve en totalité ou en partie, le conseil de classe peut estimer qu'ils maitrisent les compétences et les savoirs visés par l'épreuve, sur base de leur dossier personnel[1].

1. Source : http://www.enseignement.be/index.php?page=26247&navi=3057 (page consultée le 5 août 2015)

MÉTHODOLOGIE GÉNÉRALE

Afin de mettre toutes les chances de ton côté, il est bon de te préparer en temps et en heure pour cette épreuve de fin de 2e. Voici quelques conseils qui te seront utiles pour le CE1D mais également pour l'ensemble des examens.

Planning

Il est évident que tu ne vas pas commencer à étudier la veille de l'épreuve : ce serait risqué ! C'est pourquoi il est essentiel de préparer un plan de travail qui prendra en compte plusieurs éléments.

Une fois les dates fixées pour tes examens, prépare-toi un programme d'étude. Pense à la quantité de matière que représente chaque cours ; tu auras probablement besoin de plus d'heures de travail pour un cours de cinq heures que pour un cours de deux heures. N'oublie pas aussi que tu étudieras plus rapidement un cours qui te tient à cœur qu'un cours qui te plait moins.

Une fois déterminé le temps imparti à chaque matière, réalise un tableau hebdomadaire en n'oubliant pas d'indiquer les obligations familiales et d'éventuelles activités extrascolaires (football, natation, solfège…). Utilise des couleurs différentes pour chaque type d'activité.

N'oublie pas de prévoir des pauses dans ton travail. Il est raisonnable de penser que tu ne seras plus apte à emmagasiner de la matière après cinquante minutes. Accorde-toi alors une interruption d'une dizaine de minutes pour manger une petite collation, téléphoner à un(e) ami(e), prendre le soleil dans le jardin… Ton cerveau sera ensuite prêt à se remettre au travail de façon efficace.

MÉTHODOLOGIE GÉNÉRALE

Exemple : en vert, les activités privées, en rouge, les examens, en bleu, les matières à étudier.

lundi	mardi	mercredi	jeudi	vendredi	samedi	dimanche
3/6 solfège français	4/6 néerlandais français	5/6 sciences histoire	6/6 natation géo	7/6 maths latin	8/6 français néerlandais	9/6 anniversaire de Mamy sciences
10/6 solfège français	11/6 examen de français néerlandais	12/6 examen de néerlandais sciences	13/6 examen de sciences histoire géo natation	14/6 examens d'histoire & géo	15/6 examen de solfège latin maths	16/6 maths
17/6 examen de maths latin	18/6 examen de latin	19/6	20/6	21/6	22/6	23/6

Hygiène

Mens sana in corpore sano[1] ; ton hygiène de vie est particulièrement importante en période d'examens.

Pour faire fonctionner la machine, deux ingrédients cruciaux : la nourriture et le sommeil.

La nourriture constitue le carburant du corps humain. En cette période de travail intense, tu veilleras à t'alimenter de façon équilibrée : beaucoup d'eau, des fruits, des légumes et des sucres lents (pâtes, pain complet, riz…). Les boissons excitantes comme le café, le thé noir, le Coca et autres boissons énergisantes sont à proscrire : elles risqueraient d'augmenter ton stress inutilement.

1. Un esprit sain dans un corps sain.

MÉTHODOLOGIE GÉNÉRALE

Le cerveau fixe la matière étudiée lors du sommeil. C'est pourquoi il est essentiel de fournir au corps la quantité de repos dont il a besoin. On estime que pour un adolescent de 15 ans, une nuit de neuf heures trente est nécessaire pour être frais et dispos le lendemain. Il est également recommandé de se changer les idées au moins trente minutes avant le coucher afin de se détendre et de dormir plus tranquillement.

Enfin, le cerveau a besoin d'oxygène pour fonctionner à plein rendement. N'hésite donc pas à faire des promenades ou du sport à l'extérieur lors de tes pauses.

Compréhension des consignes

Bien souvent, les erreurs des élèves ne viennent pas tant d'un manque de connaissances que d'un problème de compréhension des consignes. C'est pourquoi, dans ce manuel, tu trouveras régulièrement un « coup d'pouce » pour bien comprendre ce qui t'est demandé.

De manière générale, il faudra être attentif aux points suivants.

Il est indispensable de lire la consigne d'un exercice en entier avant de se lancer dans la rédaction de la réponse. Certains éléments, comme la manière de répondre ou la délimitation exacte de la réponse attendue, se trouvent souvent en fin de question.

Afin de n'oublier aucun élément de réponse, n'hésite pas à encadrer ou surligner les verbes et les éléments principaux de la consigne. Éventuellement, numérote les différentes étapes que tu devras suivre pour répondre.

Ex : Qui est désigné par l'expression « machine de guerre » ?(1) Cette expression est-elle bien ou mal choisie ? Entoure la réponse. oui - non (2)

Justifie ta réponse par un extrait du texte ou par un argument personnel[2]. (3)

2. Question issue du CE1D - édition 2015.

MÉTHODOLOGIE GÉNÉRALE

Tu retrouveras les mêmes verbes dans la plupart des épreuves. Assure-toi d'en connaitre le sens.

- ***apparier***: mettre par paire, c'est-à-dire relier deux éléments qui ont des caractéristiques communes ou qui vont ensemble.
- ***formuler***: rédiger. Il te faudra écrire une phrase complète pour répondre à ce type de question.
- ***répondre avec ses mots***: il s'agit là d'une réponse personnelle. Pas question ici de recopier des morceaux du texte. Tu devras reformuler l'idée avec tes mots, ton vocabulaire.
- ***justifier***: prouver. Il faudra expliquer pourquoi tu as donné cette réponse et pas une autre. Tu expliqueras ton choix soit par un extrait du texte, soit par une réflexion personnelle basée sur des documents.
- ***recopier***: réécrire quelque chose. Sois toujours très attentif à faire ce qu'on te demande ! Même si la question se présente comme suit :

  Recopie la réponse.

  Oui / Non ....

Il serait tentant d'entourer la réponse or on te demande bien de la RECOPIER.

- ***cocher***: mettre une croix.
- ***émettre une hypothèse***: formuler une supposition ; c'est-à-dire, écrire ce que tu imagines être la réponse. Celle-ci n'est généralement pas telle quelle dans le texte mais, en réfléchissant, tu peux IMAGINER ce que le texte ne dit pas.

Gestion du stress

Un autre ennemi de taille lors de pareilles épreuves, c'est le stress. Voyons comment s'en prémunir ou, tout au moins, le gérer.

Le meilleur moyen pour ne pas angoisser, c'est d'avoir confiance en soi. Et pour ce faire, il faut être persuadé que tu es capable de réussir ce CE1D !

MÉTHODOLOGIE GÉNÉRALE

Profite des révisions pour te préparer à l'épreuve : pose des questions à ton professeur, rédige des fiches reprenant les matières évaluées, vérifie ta connaissance de la matière.

Prépare-toi aussi psychologiquement en t'imaginant passer l'épreuve. Transpose-toi mentalement le jour de l'examen en visualisant le local dans lequel tu seras, les élèves qui t'entoureront, les professeurs qui te surveilleront, les documents qui te seront distribués…

N'oublie pas les conseils d'hygiène donnés plus haut : évite les boissons excitantes le matin mais pense à prendre un bon petit-déjeuner qui te fournira l'énergie nécessaire à l'examen. Va te coucher tôt la veille de l'épreuve. Emporte une bouteille d'eau avec toi afin de prévenir toute déshydratation lors de l'évaluation.

Si toutefois l'angoisse t'étreint en classe, prends quelques minutes pour te recentrer, te convaincre que tu as fait tout ce qui était en ton pouvoir pour te préparer et que tu vas y arriver. La respiration abdominale peut t'aider à retrouver une certaine sérénité. Tu la pratiqueras de la façon suivante :

a) inspirer en gonflant d'abord le ventre, puis le haut de la cage thoracique,
b) compter jusqu'à cinq en retenant l'air dans les poumons,
c) expirer lentement en contractant les muscles abdominaux,
d) compter jusqu'à cinq avant d'inspirer à nouveau.

PRÉPARATION DE L'ÉPREUVE

RÉCIT DE FICTION

Une armoire trop loin, par Nancy Quadflieg

Cette manie n'était pas neuve et personne ne savait vraiment comment, ni pourquoi elle avait pris naissance. On savait juste que depuis qu'elle était gamine, elle dormait très mal et avait pris l'habitude de déménager ses meubles pour occuper ses nuits blanches.

Très inquiets au début, ses parents avaient fini par ne plus s'étonner de l'entendre pousser sa maison de poupées, faire glisser son bureau d'écolière ou son lit sur le sol de sa chambre. Les grincements sur le parquet faisaient juste dire à sa mère « Tiens, la petite ne dort pas ! » avant de se retourner dans son lit et de replonger dans le sommeil.

En grandissant, cette manie de déplacer le contenu des pièces ne varia pas et lui apporta son lot de désagréments. Interdite de classes vertes à l'école primaire, exclue de la cité étudiante de son université, elle perdit le seul travail qu'elle trouva dans un magasin d'ameublement suédois comme gardienne de nuit.

Le lendemain de ses rondes nocturnes, ses collègues vendeurs ne retrouvaient rien et perdaient en efficacité, ce qui eut un effet déplorable sur la clientèle. Son licenciement était inévitable.

Les syndicats, épuisés, ne s'y opposèrent pas, mais s'arrangèrent pour lui obtenir des indemnités conséquentes.

Elle se disputa aussi souvent avec ses voisins, changea de domicile un nombre incalculable de fois et ses amours ne restèrent pas longtemps en sa compagnie.

Comment vivre une folle histoire avec une femme dont la seule vision d'un lit lui donnait envie de le déplacer et rien d'autre ?

Les médecins qui se chargèrent de son cas s'arrachèrent les cheveux et finirent par lui diagnostiquer une insomnie chronique aggravée d'une « déménagite » aiguë. Le terme fut inventé pour elle et elle en tira une petite satisfaction. Elle fut déclarée inapte au travail.

RÉCIT DE FICTION

Elle, elle se trouvait tout simplement inapte à la vie en société. À son avis, c'était une bonne maladie. Elle fit donc l'acquisition d'une petite maison retirée dans un village discret et se consacra sans complexe à ses déménagements.

Chaque coucher de soleil occasionnait chez elle une excitation bienfaisante, une force physique et créatrice étonnante. Tout était à refaire, à créer et c'était diablement bon à envisager.

Le vertige la prenait rien que d'y penser.

Elle recherchait l'alignement parfait entre l'angle d'une armoire et le coin d'une cheminée.

Elle aimait la petite tache de lumière que laisse naitre un premier rayon de lune sur le bois blond d'une commode.

La porte d'une lingère grincerait plus ou moins aigu selon que le pied droit de cette dernière poserait sur telle ou telle latte de parquet.

La distance entre le plafond et le sommet de la bibliothèque correspondait exactement à celle entre la table de chevet et le fauteuil devant la fenêtre. C'était au millimètre près.

Elle testait, cherchait, déplaçait, mesurait fiévreusement et les meubles, les bibelots, les objets se pliaient à toutes ses fantaisies. Elle avait sans cesse de nouveaux projets d'arrangements, de déménagements, de compositions audacieuses. Le matin, elle était épuisée et heureuse.

Cette nuit-là justement, elle essayait de faire sortir un fauteuil par la fenêtre, résolue à ne plus le voir du tout, lorsqu'elle se trouva coincée. L'objet, bloqué dans l'encadrement, refusait de sortir, mais également de rentrer. Elle poussait, tirait et plus rien ne bougeait.

La fenêtre grande ouverte sur un froid de canard, elle se mit à réfléchir à la marche à suivre pour se sortir de là. C'était la première fois qu'un meuble lui

RÉCIT DE FICTION

résistait et elle en conçut une grande contrariété. Un peu de tristesse aussi d'ailleurs. Était-ce le début de la fin ?

Soudain, de l'autre côté du fauteuil et de la fenêtre, une voix lui suggéra de soulever pendant qu'elle-même, la voix, ferait pivoter l'objet récalcitrant tout en l'inclinant. En deux secondes, la « bête » était dehors et elle se trouvait face à face avec un homme entre deux âges qu'elle ne connaissait pas.

Ils se regardèrent, embarrassés, elle à l'intérieur et lui à l'extérieur. Il fallait faire quelque chose.

Elle l'invita à prendre un thé et quelques biscuits et ils passèrent la nuit à papoter.

Il était insomniaque, philatéliste et passait ses nuits à ranger des timbres et à écrire des articles pour des revues spécialisées dont elle n'avait jamais entendu parler.

De temps en temps aussi, il aimait se promener et c'est ainsi qu'il avait aperçu le fauteuil coincé dans l'encadrement de la fenêtre. Il s'était amusé un temps à la voir se démener avant de lui proposer son aide.

Il s'exprimait calmement, en prenant son temps, et laissait parfois de grands silences dans la conversation, ce qu'elle jugea très confortable. Elle avait oublié comment on parle avec quelqu'un et n'avait aucune intention de se mettre à faire beaucoup de civilités même pour un type capable de décoincer un fauteuil, qualité appréciable. Ils ne se promirent rien, ne s'avouèrent rien, n'organisèrent rien. Il y eut juste comme une évidence entre eux.

Il revint plusieurs fois pour donner quelques coups de main. Toujours à l'improviste.

Ils parlaient peu mais la compagnie de l'un faisait du bien à l'autre et vice versa.

Elle finit par l'attendre et quand il ne venait pas, elle avait moins de cœur à l'ouvrage.

RÉCIT DE FICTION

La nuit où elle lui proposa de s'installer chez elle, elle le fit d'une toute petite voix quasi inaudible mais il n'en perdit pas une miette. Le « oui » éloquent qui sortit de sa bouche avant même la fin de la proposition lui fit chaud au cœur.

Il apporta ses quelques meubles, son lit, ses albums de timbres et sa loupe. Il ne lui en fallut pas plus pour se sentir bien. Il s'installa dans la petite pièce du bas, son espace rien qu'à lui, c'était la seule condition.

Les nuits furent plus ou moins agitées, mais pas comme on aurait pu l'imaginer d'un jeune couple nouvellement installé. Pendant qu'elle déplaçait les meubles, il déplaçait ses timbres et leurs allées et venues à des étages différents se répondaient sans même se concerter. C'était comme un joli ballet bien rôdé. Elle en souriait parfois, il en riait souvent. Elle, dans sa chambre de déménageuse énergique, lui, dans son bureau de philatéliste tranquille.

Le matin, ils se retrouvaient autour d'une tasse de thé et commentaient leur nuit, échangeaient leurs impressions, leurs réussites, leurs échecs. Ils pouvaient parfois même passer des jours sans s'apercevoir ou se parler, chacun plongé dans son œuvre, mais dès que l'un avait besoin de l'autre, ils étaient là. Elle écoutait la lecture d'un article ou l'autre. Il admirait un agencement mobilier, une association de couleurs, un angle parfait.

Il arrivait également qu'il participe au déménagement, lors de blocages ponctuels.

Il était grand, fin, mais très costaud et ses coups de main étaient appréciables.

En règle générale, dans ces moments-là, il se contentait d'obéir et de faire ce qu'elle demandait.

Il ne supporterait pas qu'elle s'occupe de l'agencement de ses timbres. Donc...

Et puis, il s'amusait de cette quête désespérée qu'elle avait de perfection.

Il admirait ses bras secs et musclés, les caressait doucement et l'impudeur s'arrêtait là.

RÉCIT DE FICTION

Leur histoire avait commencé une froide nuit d'hiver et sembla devoir se terminer une douce nuit de printemps. L'énorme armoire normande qu'elle voulait déplacer résistait et elle avait eu recours à ses services. Elle s'était énervée plus que d'habitude. Ils avaient poussé, tiré, fait pivoter et jamais elle n'était satisfaite. Il avait donné des conseils que dans son entêtement, elle avait refusé de suivre.

Elle l'avait entendu soupirer de l'autre côté du meuble, elle avait perçu sa contrariété et elle s'était rappelée de la douceur de la voix derrière le fauteuil du premier soir.

Quelque chose avait changé. Elle savait qu'elle était allée trop loin avec cette armoire.

D'ailleurs, une fois l'armoire en place, il avait directement quitté la chambre. Elle ne s'en était pas aperçu, n'avait pas remercié. Cette armoire était un casse-tête, il n'y avait pas de place dans son esprit pour autre chose.

Elle ne le vit plus pendant quelques jours, mais comme c'était assez habituel, elle ne s'en inquiéta pas outre mesure. De temps en temps, elle allait frapper à sa porte, mais il était évident qu'il boudait. Et ça, c'était nouveau !

Quand elle osa entrer dans sa chambre, il n'y était pas et elle vit tout de suite que son manteau n'était plus là. Il était parti. C'était évident.

Il était même parti précipitamment. Il avait tout laissé, ce qui était forcément la preuve de son ras-le-bol total. Il était parti et ne revint pas.

Chaque jour, elle se répétait que c'était l'armoire de trop, l'armoire du malheur. Elle aurait dû l'écouter. Sa voix, ses pas, sa présence lui manquaient. Son absence lui manquait aussi. Tout lui manquait dans cet homme qu'elle s'était contentée de laisser vivre à ses côtés.

Elle avait fait une erreur, elle aurait dû faire ce que les livres disaient sur la communication, le dialogue, la présence à l'autre, l'écoute et tous ces machins, mais elle ne savait pas parler.

Elle n'était pas née avec le mode d'emploi mais... elle aurait pu essayer. Elle aurait dû.

RÉCIT DE FICTION

Rongée par l'inquiétude et les remords, elle décida de quitter la maison pour un temps et se réinstalla chez ses parents. Elle recommença à pousser sa vieille maison de poupées, son ancien bureau d'écolière, mais elle voulait que ça s'arrête.

Au bout de quelques mois, elle n'avait plus qu'une obsession : il fallait y retourner et finir le travail.

Sa petite maison sentait le renfermé quand elle franchit l'entrée. Bien décidée à faire le dernier déménagement de sa vie, elle ouvrit portes et fenêtres pour tout balancer.

L'armoire normande était la première à devoir disparaitre de sa vie.

Elle prit son courage à deux mains et, en pleurant, se mit à la déplacer en poussant de toutes ses forces. Quand le meuble fut à bonne distance du mur, ce qu'elle aperçut lui ôta toute capacité de crier. Pourtant, elle aurait voulu.

Sourire aux lèvres et manteau passé sur son pyjama, il était là, écrasé contre le mur, tout desséché, aussi plat qu'un timbre. Effectivement, elle était allée trop loin avec cette armoire !

QUESTIONS SUR LE RÉCIT DE FICTION

Pour cette partie de l'examen, tu ne disposes PAS de référentiels grammaticaux.

Coup d'pouce !

Afin de gérer au mieux le temps qui t'est imparti, lis une **première fois** le texte. Lis ensuite l'ensemble du questionnaire, puis **relis** le texte en surlignant les passages qui te permettent de répondre.

QUESTION N° 1

Replace les numéros des phrases suivantes dans l'ordre chronologique.

Coup d'pouce !

Pour remettre facilement les événements dans l'ordre **chronologique**, il te suffit de bien lire les dix phrases proposées puis de relire le texte.

Chaque fois que tu rencontreras un de ces moments clés, note directement son numéro sur la **ligne du temps**.

1. On lui diagnostique une « déménagite » aiguë.
2. Elle s'installe dans un petit village.
3. Elle rencontre le philatéliste.
4. Ils déplacent à deux l'armoire normande.
5. Le philatéliste disparait.
6. Elle est interdite de classes vertes.
7. Elle retrouve le philatéliste.
8. Elle perd son emploi dans un magasin de meubles.
9. Elle retourne vivre chez ses parents.
10. Le philatéliste s'installe chez elle.

6				3					

QUESTION N° 2

Comment se déroule la première rencontre entre les deux personnages ? Réponds en notant trois éléments issus du texte.

Coup d'pouce !

Souviens-toi de ce que tu as lu au début de ton manuel dans le chapitre **Méthodologie générale** et sois attentif à **tous** les mots de l'énoncé. Ta réponse doit illustrer la **première** rencontre des personnages.

1. ....
....
....
....

2. ....
....
....
....

3. ....
....
....
....

QUESTION N° 3

Les deux personnages ont des points communs.
Formules-en trois.

1. ....

....

....

....

....

2. ....

....

....

....

....

3. ....

....

....

....

....

....

QUESTION N° 4

Apparie chaque personnage à l'adjectif qui lui correspond.

Coup d'pouce !

Un adjectif peut qualifier les personnages à un **moment** du récit ou **tout au long** de celui-ci.

Les parents •	• Tranquille(s)
Les syndicats •	• Énergique(s)
Les médecins •	• Inquiet(e/s)
La femme •	• Épuisé(e/s)
L'homme •	• Dubitatif(ve/s)

QUESTION N° 5

À quel moment exact se déclenche la crise de « déménagite» ? Coche la bonne réponse.

- [ ] Le matin
- [ ] Le midi
- [ ] L'après-midi
- [ ] Le soir

Justifie ton choix en recopiant un extrait du texte.

Coup d'pouce!

Lorsqu'on te demande de justifier une réponse par un extrait, **choisis-le avec soin**. Il ne doit laisser **aucun doute** au correcteur de l'examen.

....

....

....

....

....

....

....

QUESTION N° 6

"En deux secondes, la « bête » était dehors et elle se trouvait face à face avec un homme entre deux âges qu'elle ne connaissait pas."

Qui est désigné par « la bête» ? ....

Justifie ta réponse par un argument personnel.

Coup d'pouce!

Lorsqu'on te demande de justifier une réponse par un argument personnel, la **première partie** de la réponse se trouve probablement dans les **lignes proches** de l'extrait. Pour la **seconde partie**, il te faudra réfléchir et expliquer, avec **TES** mots, ce qui t'a poussé à donner cette réponse.

....

....

....

....

....

....

....

....

QUESTION N° 7

Complète la phrase suivante :

Le personnage féminin perd son emploi dans ....

....

....

....

parce que ....

....

....

....

....

....

....

QUESTION N° 8

À la fin du récit, la femme pense que leur histoire d'amour est finie.

" Elle l'avait entendu soupirer de l'autre côté du meuble, elle avait perçu sa contrariété et elle s'était rappelée de la douceur de la voix derrière le fauteuil du premier soir.
Quelque chose avait changé. Elle savait qu'elle était allée trop loin avec cette armoire. "

Donne deux raisons qui font croire à la femme que son ami est parti.

1 ....

....

....

....

....

2 ....

....

....

....

....

QUESTION N° 9

Des élèves qui ont lu cette nouvelle ont exprimé les avis suivants.

A Je pense que l'auteure veut nous informer sur l'architecture d'intérieur.

B Je crois que l'auteure démontre que l'insomnie est un handicap professionnel.

C Je pense que l'auteure veut nous raconter une histoire d'amour.

D Je crois que c'est une publicité détournée pour un magasin d'ameublement suédois.

Quel est l'avis qui se justifie le mieux d'après les informations fournies par le récit ? Complète la phrase suivante.

Je choisis l'avis ....

....

parce que ....

....

....

....

....

....

....

QUESTION N° 10

"Elle, elle se trouvait tout simplement inapte à la vie en société."

Pourquoi le personnage féminin du récit est-il inapte à la vie en société ?

Formule de manière personnelle trois réponses différentes.

Coup d'pouce !

On te demande ici de développer trois **IDÉES** différentes.

1. ....
....
....
....

2. ....
....
....
....

3. ....
....
....
....

QUESTION N° 11

Le récit s'intitule *Une armoire trop loin*.

Explique le rapport entre ce titre et l'histoire.

QUESTION N° 12

" Il s'installa dans la petite pièce du bas, son espace rien qu'à lui, c'était la seule condition. "

À quelles activités se livre le personnage masculin dans cette pièce ?

1 ....

2 ....

QUESTION N° 13

"L'armoire normande était la première à devoir disparaitre de sa vie."

Émets une hypothèse pour expliquer cette décision.

....

....

....

....

....

....

....

....

....

....

....

....

QUESTION N° 14

Pourquoi les deux personnages sont-ils utiles l'un à l'autre ? Donne trois éléments issus du récit.

1 ....

....

....

....

2 ....

....

....

....

3 ....

....

....

....

QUESTION N° 15

Quelle est la cause première de la « déménagite » du personnage féminin?

....

....

....

....

QUESTION N° 16

À la fin du récit, le personnage masculin a-t-il trouvé le bonheur ? Recopie la réponse puis justifie.

OUI / NON ....

Parce que ....

....

....

....

....

....

....

....

....

....

....

QUESTION N° 17

La « déménagite » a déjà exclu quatre fois le personnage de la vie en société. Quels sont ces quatre événements ?

1. ....

....

....

....

2. ....

....

....

....

3. ....

....

....

....

4. ....

....

....

....

QUESTION N° 18

Écris trois qualités différentes du personnage masculin et illustre chacune d'elles par un exemple du texte.

Qualité	Exemple
1	
2	
3	

QUESTION N° 19

"Le lendemain de ses rondes nocturnes, ses collègues vendeurs ne retrouvaient rien et perdaient en efficacité, ce qui eut un effet déplorable sur la clientèle."

A D'après le contexte, quel mot pourrait remplacer le mot « déplorable » ? Entoure la bonne proposition.

A	B	C	D
Agréable	Lamentable	Étonnant	Favorable

Coup d'pouce !

Pour cette question, relis les phrases entourant l'extrait et détermine si le contexte est **POSITIF** ou **NÉGATIF.**

B Formule une justification.

....

....

....

....

....

QUESTION N° 20

"Il avait donné des conseils **que** dans son entêtement, elle avait refusé de suivre.

Elle **l'**avait entendu soupirer de l'autre côté du meuble, elle avait perçu sa contrariété et elle s'était rappelée de la douceur de la voix derrière le fauteuil du premier soir.

Quelque chose avait changé. Elle savait qu'elle était allée trop loin avec cette armoire.

D'ailleurs, une fois l'armoire en place, il avait directement quitté la chambre. Elle ne s'**en** était pas aperçu, n'avait pas remercié.

Elle recommença à pousser sa vieille maison de poupées, son ancien bureau d'écolière, mais elle voulait que **ça** s'arrête.

Au bout de quelques mois, elle n'avait plus qu'une obsession : il fallait **y** retourner et finir le travail."

À qui ou à quoi correspondent les anaphores soulignées ?

Coup d'pouce !

L'anaphore remplace un **mot** ou un **groupe de mots**, voire une **idée** exprimée auparavant. Il te faut donc retrouver ce que le petit mot proposé **remplace** dans le texte. Si tu as un doute, relis la partie du texte qui précède l'anaphore.

Attention, cette idée n'est pas toujours clairement exprimée.

que : ....

l' : ....

en : ....

ça : ....

y : ....

DOSSIER INFORMATIF

Document 1 / La naissance du timbre

Avant le milieu du XIXe siècle, les services postaux acheminaient, comme aujourd'hui, le courrier vers leur destinataire, à la différence que c'est ce dernier qui devait s'acquitter des frais de port auprès du préposé. Le facteur pouvait alors essuyer un refus de paiement ou pire, se trouver face à des personnes malhonnêtes qui rivalisaient d'ingéniosité pour obtenir leur envoi sans payer.

En 1839, Sir Rowland Hill réalise en Angleterre la Réforme Postale. Initiée par ses soins, avec l'aval de la Reine Victoria, cette réforme vise à simplifier les échanges postaux via un système de paiement anticipé. Le 1er mai 1840, les Anglais peuvent acheter le Penny Black, premier timbre de l'histoire postale. Il sera rapidement remplacé par le Two Pence Blue, le cachet d'oblitération se distinguant difficilement sur un timbre noir. L'enveloppe, fabriquée en Angleterre dès 1820, ne sera utilisée massivement qu'à partir de 1844, date de la mise en fonction d'une machine les fabriquant en série. Avant cette date, le papier à lettre est plié en quatre et cacheté pour être ensuite timbré. D'un format aux bords lisses, le timbre sera très vite dentelé pour en faciliter le détachement.

Le succès est immédiat et va vite devenir international : le Brésil et certains cantons suisses adoptent le système dès 1843, les États-Unis en 1847, la Belgique et la France en 1849, l'Espagne en 1850... Cette internationalisation conduit à l'obligation pour les États de légiférer quant à l'aspect du timbre. En effet, il est indispensable de pouvoir distinguer du premier coup d'œil la valeur et l'origine de celui-ci. En 1874, l'Union Postale Universelle voit le jour à Berne. Cette composante actuelle de l'Organisation des Nations Unies compte aujourd'hui 192 pays membres et impose qu'apparaissent, sur chaque timbre, la valeur faciale et le pays émetteur signalé en caractères latins. Seul le Royaume-Uni, en qualité de premier émetteur historique de timbres, ne mentionne pas le pays et se contente de représenter l'effigie de son souverain. En plus de ces mentions obligatoires, peuvent apparaitre des informations supplémentaires telles que le nom du créateur du timbre, celui de l'imprimerie, etc.

DOSSIER INFORMATIF

Le timbre peut appartenir à des catégories très diverses : poste courante, poste aérienne, timbre taxe, timbre pour journaux et imprimés... Il existe même des timbres de cours d'instruction : ils n'ont aucune valeur en tant que tels et servent uniquement à la formation du personnel postal.

Les différents pays émetteurs vont rivaliser d'imagination pour présenter des timbres originaux, voire de petites œuvres d'art. Les plus classiques représenteront les portraits de rois et de reines, les frontières du pays d'origine ou son drapeau. Parallèlement, les services postaux vont proposer des thématiques beaucoup plus originales : des sujets commémoratifs (les deux guerres mondiales, l'indépendance des colonies, le suffrage universel...), des représentations d'artistes (Chaplin, Magritte...) et de personnages de fiction (Tintin, Spiderman...), des thèmes animaliers et floraux, des grandes innovations scientifiques et technologiques (la conquête spatiale, l'informatique...), etc. Bref, le timbre est servi à toutes les sauces et devient un sujet de collection, aboutissant à la création de la philatélie. Les philatélistes partagent leurs découvertes dans tous les pays, entrainant des échanges qui leur donnent une grande ouverture sur le monde.

Pour terminer ce petit historique du timbre-poste, signalons encore que s'il est bien souvent imprimé sur du papier, certains pays utilisent d'autres supports tels que le carton, le plastique, la dentelle, le bois, la peluche et même... la feuille d'or ! Il existe aussi des timbres en trois dimensions.

Présent dans nos vies depuis maintenant plus d'un siècle et demi, il est fort à parier que ce petit bout de papier a encore de beaux jours devant lui.

DOSSIER INFORMATIF

Document 2 / L'acheminement du courrier dans la Rome antique

Le téléphone n'existant pas encore à l'ère romaine, c'est par écrit que les Anciens communiquaient. La correspondance était alors abondante, faite de courriers officiels et de messages personnels.

Peau de bête ou papier à fleurs ?

Ni l'un ni l'autre ! Les écrits de nos ancêtres pouvaient être gravés dans la cire ou couchés sur du papyrus.

Pour les textes courts demandant une réponse assez rapide, on utilisait de petites tablettes en bois garnies de cire dans laquelle on gravait les lettres à l'aide d'un stylet. Un peu comme lorsqu'on s'amuse à dessiner sur une bougie avec un cure-dent. Si le message était plus long que prévu, on pouvait rassembler plusieurs tablettes en les attachant à l'aide d'un cordon et même cacheter le tout à la cire afin d'en garantir la confidentialité.

Pour la correspondance officielle, on utilisait plutôt le papyrus, produit à partir de roseaux égyptiens, sur lequel on écrivait à l'aide d'un roseau taillé en pointe, le *calamus*, trempé dans une sorte d'encre. Ce support étant plus léger, il était plus facilement transportable.

Le parchemin, produit par tannage de peaux de bêtes, coûtait extrêmement cher et n'était utilisé que pour les livres de luxe. Quant au papier, il était inconnu des Romains puisqu'il ne sera inventé, en Chine, qu'au IIe siècle de notre ère.

Plus fort que le courrier express : la poste impériale !

Son territoire étant très étendu, Auguste, premier empereur romain, tient à être informé des activités militaires de ses troupes et se soucie de faire entendre ses

DOSSIER INFORMATIF

ordres jusqu'au fin fond de l'empire. Il met donc en place un réseau postal capable d'acheminer ses décrets partout où ils s'appliquent.

Au début, les messages sont portés par un homme qui passe le relais à un autre au bout d'une certaine distance, qui le transmettra lui-même à un autre, etc. Le système n'est pas complètement fiable et demande à être amélioré.

On crée alors une organisation complexe divisant le territoire en de nombreux districts. Chaque district est chapeauté par un chef qui veille à l'entretien des infrastructures : bêtes, chariots, écuries… En effet, chaque ville ou village situé le long d'une voie romaine se doit d'offrir à la poste impériale un relais dans lequel on trouvera des montures fraiches, des véhicules en bon état et, éventuellement, un lit et un bain pour le coursier. C'est à présent le même homme qui effectue la totalité du trajet et change de monture et de véhicule au fil du voyage. Ce système permet de poser d'éventuelles questions au porteur de la lettre et assure l'arrivée du message à bon port.

La distance quotidienne moyenne parcourue par une missive est de quatre-vingts kilomètres. Les gros chariots, voitures attelées à deux ou quatre roues, sont peu solides et ne peuvent transporter plus de cent kilos de colis. Ils se déplacent lentement sur les routes pavées et ne font pas plus de trente kilomètres par jour. Les hommes à cheval, par contre, peuvent parcourir jusqu'à cent soixante kilomètres en une journée et, pour les plis vraiment urgents, on rapporte qu'on pouvait atteindre les deux cents kilomètres ! Dans ce dernier cas, le trajet se poursuivait durant la nuit.

Tout ceci n'est rendu possible que par l'excellence du réseau routier romain. Ne dit-on pas d'ailleurs que « Tous les chemins mènent à Rome » ?

Pas d'argent ? Pas d'urgence !

Comme nous l'avons précisé plus haut, la poste était réservée aux messages impériaux et aux fonctionnaires en mission officielle. On sait qu'elle était parfois

DOSSIER INFORMATIF

utilisée à des fins personnelles, comme lorsque l'épouse de Pline le Jeune[1] se rendit aux funérailles de son grand-père, mais c'était une exception.

Pour transmettre leur courrier, les particuliers confient généralement leurs épitres à des amis ou de la famille qui se rendent dans la région où habite le destinataire de la lettre. Cette méthode est sûre mais lente et peut prendre plusieurs semaines voire plusieurs mois.

Quelques citoyens plus aisés utilisent un esclave spécial pour faire parvenir leurs messages urgents à destination, mais ce procédé est extrêmement onéreux. C'est ainsi qu'il nous est possible de lire, dans une lettre de Célius au célèbre Cicéron[2] :

« Ma lettre est bien courte : je l'ai remise au pied levé à un courrier d'homme d'affaires qui était pressé ; la veille, j'en avais remis une plus longue à ton affranchi[3]. »

1. Pline le Jeune : écrivain romain du Ier siècle PCN.
2. Cicéron : avocat et homme politique romain du Ier siècle ACN.
3. affranchi : ancien esclave libéré de son joug.

DOSSIER INFORMATIF

Document 3 / Une passion qui n'a pas d'âge : la philatélie !

Dans notre série « Les grands collectionneurs », notre revue « Bigoudis & Fixe-Chaussettes » a rencontré ce mois-ci un duo atypique de collectionneuses : Jeanne, 76 ans et sa petite-fille Lou, 14 ans. Comme le roi George V ou le président Roosevelt, elles collectionnent les timbres et sont donc philatélistes.

B&FC : Comment vous est venue l'idée de constituer une collection commune ?

Lou : Chaque fois que je venais en vacances chez ma grand-mère, je la voyais s'occuper de ses timbres et je devais l'accompagner à son club philatélique. J'ai commencé à m'y intéresser et nous avons décidé ensemble de commencer une collection qui débuterait à l'année de ma naissance. Certains timbres sont vraiment très beaux et il y a moyen d'apprendre plein de choses sur l'histoire, la géographie ou la nature, en les regardant.

Jeanne : Pour faire une bonne collection, il est indispensable de se spécialiser. Collectionner tous les timbres est impossible et il convient donc de délimiter très exactement la collection. Dans notre cas, nous gardons exclusivement les timbres belges émis à partir de l'année de naissance de Lou.

B&FC : Lou, as-tu acheté un matériel spécifique pour entrer dans le monde de la philatélie ?

Lou : Bonne-maman m'a offert tout le matériel nécessaire ! Une pince à bout rond pour déplacer les timbres sans risquer de les abimer. Une loupe pour observer mes acquisitions sous toutes les coutures, repérer d'éventuelles dents manquantes ou des déchirures qui feraient que mon timbre ne vaut plus rien, mais aussi des nuances dans les couleurs qui, au contraire, en augmentent la valeur. Et évidemment, un bel album rouge pour les classer et les conserver.

DOSSIER INFORMATIF

Jeanne : Pour ma part, j'avais déjà le catalogue Yvert & Tellier qui nous permet de savoir s'il nous manque des timbres, mais qui nous indique aussi la valeur de ces fantastiques petits morceaux de papier. Je suis également abonnée à Philanews, la revue d'information de bpost.

B&FC : Quel type de timbres collectionnez-vous ?

Lou : On garde les neufs mais aussi les oblitérés, c'est-à-dire ceux sur lesquels il y a un cachet. Pour les neufs, c'est facile, on peut les acheter à la poste quand ils sortent et pour les plus anciens, je cherche sur internet ou je traine chez les marchands de la rue du Midi.

Jeanne : Nous recevons aussi l'aide de mes amis du club philatélique. Nous pratiquons des échanges et participons à des bourses où l'on trouve de vraies petites merveilles ! Pour ce qui est des timbres oblitérés, toute la famille et les amis sont mobilisés ! Ils nous transmettent leurs enveloppes et nous décollons soigneusement les timbres en les faisant tremper dans un bol d'eau tiède. Ensuite, nous les séchons sur un buvard et il ne reste plus qu'à vérifier leur état à la loupe et à les classer !

Je dois ajouter que, pour mon petit plaisir personnel, je collectionne également les First Day Cover, des timbres cachetés le jour même de leur émission.

B&FC : Un dernier mot pour la fin ?

Jeanne : Il sera de mon acteur favori, Antonio Banderas : « Si le cinéma a un point commun avec le timbre, c'est sa capacité à envoyer des messages avec des images ».

DOSSIER INFORMATIF

Document 4

Le timbre est plus qu'une simple preuve de paiement; il peut être une formidable source d'informations pour qui sait l'observer attentivement.

© bpost

Ce timbre représente Eddy Merckx, l'un des plus grands champions cyclistes de tous les temps. Bien qu'édité en Belgique, l'arrière-plan représente la France. Pourquoi ? Tout simplement parce que ce sportif a remporté cinq fois l'épreuve du Tour de France. Ainsi, même si le destinataire ne connait pas la langue française, l'illustration lui donne l'interprétation exacte de l'événement représenté.

© bpost

Sur ce timbre figurant les accords de la Conférence de Yalta, sont représentés non seulement les dirigeants des grandes nations alliées (Winston Churchill, Franklin D. Roosevelt et Joseph Staline) mais aussi, en filigrane, la nouvelle division territoriale de l'Allemagne et la frontière nous séparant des pays du bloc de l'Est.

QUESTIONS SUR LE DOSSIER INFORMATIF

Pour cette partie de l'examen, tu ne disposes PAS de référentiels grammaticaux.

Coup d'ponce !

Lis d'abord **attentivement** le portefeuille de textes informatifs. Parcours ensuite les questions qui te sont posées. Des indices te sont donnés dans celles-ci : soit on t'indique clairement à quel document tu dois te référer, soit le thème de la question t'aiguille vers l'un ou l'autre document (ici, une référence à l'Antiquité te fera consulter le document 2 par exemple).

Pour les questions sans référence précise, il te faudra prendre les informations de-ci de-là.

Relis enfin les textes informatifs en surlignant les éléments qui te donnent les réponses.

QUESTION N° 1

Voici un article paru dans le journal de l'école. Il a été rédigé par les élèves sur base du dossier informatif dont tu disposes. N'ayant été que peu attentifs, ils ont commis quatre erreurs dans leur texte.

Barre les informations inexactes et rectifie-les dans la colonne de droite.

LE JOURNAL DE L'ÉCOLE

No.

La collection de timbres n'est pas un simple passe-temps, mais un véritable hobby pour bien des gens. Contrairement aux apparences, il ne s'agit pas d'une activité barbante pour vieilles personnes, mais d'une passion qui ouvre les portes de la culture et de l'histoire.

La timbrophilie a débuté peu de temps après l'apparition du premier timbre, au XVIIIe siècle. Elle connut un rapide essor grâce à son accessibilité. En effet, il ne faut que peu de matériel pour entreprendre ce type de collection : une loupe et une pince à bout carré suffisent amplement.

De plus, il ne s'agit pas d'une activité solitaire, mais bien d'un moyen de faire des rencontres grâce aux nombreux clubs philatéliques présents en Belgique. Dans ces clubs, il est possible de faire des échanges, mais aussi d'avoir accès à des outils de référence comme le célèbre catalogue *Hiver et Taillé* qui indique la valeur de chaque timbre.

Alors, pourquoi ne pas vous lancer dans l'aventure vous aussi ?

QUESTION N° 2

Explique en quoi l'invention du timbre-poste a révolutionné le transport du courrier.

QUESTION N° 3

En te basant sur le texte, cite trois manières de faire circuler le courrier dans la Rome antique, selon le type d'expéditeur.

1. ....

....

....

....

2. ....

....

....

....

3. ....

....

....

....

QUESTION N° 4

Quelles sont les raisons qui mènent à la création de la poste impériale par Auguste ?

....

....

....

....

....

....

....

....

QUESTION N° 5

D'après le dossier informatif, cite :

1. le pays où a été créé le timbre-poste :

   ....

2. l'année de création du timbre-poste :

   ....

QUESTION N° 6

Le dossier informatif évoque-t-il la passion d'un des personnages de *Une armoire trop loin*?

OUI / NON ....

Quel document y fait référence de façon explicite? ....

....

....

Coup d'pouce!

Il n'y a généralement **PAS DE PIÈGE** dans le CE1D.

Puisque la question est en deux parties et qu'il t'est demandé de justifier ta réponse par un document, la réponse à la première partie de la question sera le plus souvent « Oui ». Dans le cas contraire, il serait difficile de justifier par un document.

QUESTION N° 7

Les documents 1 et 4 évoquent tous deux les illustrations présentes sur les timbres. Ces illustrations ne sont pas anodines. Quel document est le plus précis à ce sujet ?

Document n° ....

Justifie en recopiant un extrait.

....

....

....

....

QUESTION N° 8

Le document 3 indique qu'un timbre auquel il manque des dents n'a plus de valeur. Mais pourquoi les timbres sont-ils dentelés ?

Je trouve la réponse dans le document n° ....

La réponse est la suivante : ....

....

QUESTION N° 9

D'après les informations contenues dans le dossier informatif, les affirmations suivantes sont-elles vraies ou fausses ? Donne le numéro du document qui te permet de répondre. Justifie ta réponse soit en reformulant des informations, soit en recopiant un extrait.

Affirmation 1

"La poste impériale conclut que le moyen le plus sûr de faire parvenir un pli était de faire se relayer les porteurs afin de ne pas perdre de temps."

☐ Vraie ☐ Fausse Document n° ....

Justification : ....

....

Affirmation 2

"Le timbre-poste n'est pas toujours imprimé sur du papier."

☐ Vraie ☐ Fausse Document n° ....

Justification : ....

....

Affirmation 3

"Le meilleur moyen de décoller un timbre d'une enveloppe est de le passer à la vapeur d'un fer à repasser."

☐ Vraie ☐ Fausse Document n° ....

Justification : ....

....

QUESTION N° 10

D'après le document 3, il existe un élément commun entre le cinéma et les timbres. Lequel ?

QUESTION N° 11

Le document 2 nous indique que la vitesse moyenne d'acheminement d'une lettre dans l'Antiquité était de quatre-vingts kilomètres par jour. Quels éléments entrent en compte dans le calcul de cette moyenne ? Cite-les.

QUESTION N° 12

Le document 4 nous apprend à décrypter le message véhiculé par un timbre. Indique pour chaque timbre deux éléments qui permettent d'identifier l'événement représenté.

Événement représenté	Éléments identificateurs
Le Tour de France	1 .... 2 ....
La conférence de Yalta	1 .... 2 ....

QUESTION N° 13

"Les services postaux vont proposer des thématiques beaucoup plus originales: des sujets commémoratifs [...], des représentations d'artistes [...] et de personnages de fiction [...], des thèmes animaliers et floraux, des grandes innovations scientifiques et technologiques [...]."

Voici cinq timbres illustrant cet extrait du document 1. Indique pour chacun la thématique qu'il représente.

1

2

3

© bpost

4

5

Thème lié au timbre n°1 : ....

Thème lié au timbre n°2 : ....

Thème lié au timbre n°3 : ....

Thème lié au timbre n°4 : ....

Thème lié au timbre n°5 : ....

COMPRÉHENSION À L'AUDITION

La compréhension à l'audition est audible sur le site des Éditions Je Réussis, à l'adresse http://jereussis.be/francais/ce1d-francais.

La retranscription de cette interview est annexée à la fin de l'ouvrage.

Pour cette partie, tu ne disposes d'aucun outil. La compréhension à l'audition se fait en deux phases. Une première écoute, avec ou sans questionnaire selon les éditions, puis une seconde écoute.

Coup d'pouce !

Si tu disposes du questionnaire avant l'écoute, lis attentivement les questions afin d'orienter ton attention sur ce dont tu auras besoin. Concentre-toi sur le message qui t'est présenté, ne te laisse pas distraire par d'éventuels bruits parasites (bics, chaises, reniflements…).

Prends éventuellement quelques notes lors de la deuxième écoute.

QUESTION N° 1

Dans le texte que tu viens d'écouter, quelle est l'intention dominante des émetteurs ? Coche la bonne réponse.

- ☐ donner des consignes
- ☐ informer / expliquer
- ☐ donner du plaisir

QUESTION N° 2

Sous quelles formes se présentent les T.O.C. ? Cites-en deux.

....

....

....

....

....

QUESTION N° 3

"Le T.O.C. peut être une opportunité pour aller à la rencontre de l'autre."

Pourquoi ?

....

....

....

....

QUESTION N° 4

Notre psychologue affirme que la « déménagite » n'est pas un T.O.C. mais un trouble anxieux généralisé.
Quelle est la différence entre ces deux pathologies ?

....

....

....

....

QUESTION N° 5

Voici trois affirmations. En te basant sur l'interview de Géraldine, indique si elles sont vraies ou fausses et justifie ta réponse.

1. Le T.O.C. se caractérise par des idées obsédantes mais la personne atteinte accepte cette situation sans réagir.

☐ Vrai ☐ Faux

Justification : ....

....

2. La philatélie est une sorte de T.O.C. atténué.

☐ Vrai ☐ Faux

Justification : ....

....

3. Un T.O.C. peut détruire la vie sociale de la personne qui en est atteinte si elle n'a pas conscience de ce trouble.

☐ Vrai ☐ Faux

Justification : ....

....

QUESTION N° 6

Qu'est-ce qu'un T.O.C. ? Coche la proposition exacte.

- ☐ Un trouble obscur compulsif
- ☐ Un trouble obsessionnel compulsif
- ☐ Un trouble obsessionnel contemplatif

QUESTION N° 7

Relie chaque comportement au nom générique qui lui convient.

T.O.C. •

Passion •

Trouble anxieux généralisé •

Philatélie •

• Se laver les mains 100 fois par jour

• Déménager ses meubles en quête de l'alignement parfait

MAITRISE D'OUTILS LIÉS À LA TÂCHE D'ÉCRITURE

Pour cette partie de l'épreuve, tu as généralement droit à la consultation des référentiels grammaticaux (dictionnaire, manuel de conjugaison...).

QUESTION N° 1

Ces phrases écrites par des élèves ne sont pas correctement rédigées.

Entoure chaque erreur.
Écris la forme corrigée dans le tableau qui suit.
Justifie les corrections en expliquant comment tu aboutis à la forme correcte.

Rappels

– Le participe passé employé avec l'auxiliaire être s'accorde en genre et en nombre avec le sujet. Pour trouver le sujet, il te suffit de poser la question « Qui / Qu'est-ce qui…(verbe) ? ».

– Le participe passé employé avec l'auxiliaire avoir s'accorde en genre et en nombre avec le complément direct si celui-ci le précède.

Pour trouver le complément direct, il convient de poser la question « Qui / Quoi ? » après le verbe.

– Le participe passé d'un verbe accidentellement pronominal, c'est-à-dire où le pronom n'est pas toujours présent et où il a une fonction dans la phrase (ex : se laver), s'accorde avec le complément direct s'il le précède.

– Le participe passé d'un verbe essentiellement pronominal, c'est-à-dire où le pronom est toujours présent (ex : s'enorgueillir), s'accorde avec le complément direct s'il le précède, avec le sujet dans les autres cas.

– Le participe passé employé seul s'accorde comme un adjectif, c'est-à-dire en genre et en nombre avec le nom auquel il se rapporte.

– "Laissé" et "fait" suivis d'un infinitif sont invariables.

QUESTION N° 1

Coup d'pouce !

Dans cet exercice, les erreurs sont issues de la non-application de règles orthographiques de base, telles que l'accord de l'adjectif, l'accord sujet-verbe, la concordance des temps, l'accord du participe passé, les homophones... Ne cherche pas une virgule mal placée ou une erreur d'orthographe d'usage, mais bien **une faute liée à une règle de grammaire** que tu as étudiée.
Tu peux justifier la correction en écrivant la règle en toutes lettres ou en rédigeant une phrase personnelle qui l'illustre.

- Jeanne et Lou collectionnent les timbres. Les albums dans lesquels ils sont rangé sont tenus avec soin.
- Des philatélistes, on en croisent dans le monde entier.
- L'armoire normande est un meuble massive ; il est très difficile de le déplacer.
- La Réforme postale qu'a initié Sir Rowland Hill a contribué à la facilitation de l'échange de courrier à partir de 1840.
- Après avoir déplacé ses meubles, l'héroïne s'est lavées les mains.
- Les chevaux se sont laissés monter par les responsables de l'acheminement du courrier.
- Les meubles, une fois monté au premier étage, étaient coincés dans l'escalier menant au second.
- L'histoire que nous avons lue ce lit très facilement.

QUESTION N° 1

Forme corrigée	Justification

QUESTION N° 2

Souligne les erreurs dans les phrases suivantes. Elles peuvent concerner la construction des phrases, la concordance des temps, les homophones ou les accords. Recopie ensuite la phrase corrigée.

Coup d'pouce !

Dans cet exercice, il est possible qu'il y ait **plusieurs erreurs** dans une phrase.

Rappels

Le temps des verbes d'une phrase doit concorder. Tu ne pourras trouver, pour des événements qui se passent au même moment, un passé simple et un futur.

Souviens-toi également que « Les scies ne mangent pas les raies » (pas de verbe en -rait / -rais lorsque la phrase commence par *si*).

On trouve des majuscules en début de phrase, après une ponctuation forte (point, point d'exclamation, point d'interrogation, points de suspension). On en trouve également au début des noms propres.

QUESTION N° 2

1. Le timbre fut créé dès que quand de nombreuses fraudes furent constatés.

   ....

   ....

2. Si le personnage pourrait déplacer l'armoire normande sans ce blesser, il le ferait.

   ....

   ....

3. Les deux personnages du récit n'arrivaient pas vraiment à communiqué. ils étaient incapable d'avoir une relation normale.

   ....

   ....

4. Je ne connaissait pas du tout l'Histoire du timbre. Cet assez impressionnant, cette réforme postale.

   ....

   ....

5. Auguste fera organiser un complexe réseau postal et fit implanter des relais pour les chevaux.

   ....

   ....

QUESTION N° 3

Le magazine *Bigoudis et Fixe-Chaussettes* s'est intéressé à l'avis de ses jeunes lecteurs. Il a voulu savoir si l'Histoire était encore un sujet digne d'intérêt.

Voici la réponse d'Axel, un jeune lecteur du mensuel. Sa lettre est publiée dans le désordre.

L'Histoire, c'est :

- [x] Un enrichissement
- [ ] Une perte de temps
- [ ] Un simple cours obligatoire

1. Par exemple, nous utilisons le timbre et nous pensons que c'est depuis toujours, mais c'est faux.

2. L'empereur Auguste, pour prendre un cas concret, imagine un système de relais pour que les cavaliers puissent changer de monture. J'étais persuadé que la première trace de ce type d'organisation, c'était le Pony Express, mis en service aux États-Unis entre 1860 et 1861.

3. Enfin, l'Histoire est un fabuleux moyen de voyager sans bouger de chez soi.

4. Il a fallu que quelqu'un remarque de nombreux problèmes pour créer ce petit bout de papier que nous utilisons quotidiennement.

5. Passionné depuis toujours par la conquête de l'Ouest, je n'ai jamais eu de mal à m'imaginer les scènes décrites par mon professeur lorsqu'il abordait le sujet.

6. D'abord, l'Histoire nous permet de connaitre l'origine d'objets parfois très familiers.

7. Quelle surprise et surtout, quel plaisir de pouvoir se rendre compte que ce qu'on croyait exact est faux et de pouvoir se corriger par l'Histoire !

8. L'Histoire, ensuite, nous permet de faire des ponts entre les époques passées.

QUESTION N° 3

À toi maintenant de rétablir l'ordre du texte en classant les éléments numérotés.

Coup d'pouce !

Le texte suit une structure argumentative dont la thèse (avis) t'est donnée. Commence par **repérer les arguments** et remets-les dans l'ordre grâce aux **connecteurs logiques** *(d'abord, ensuite, enfin...)*. Ensuite, **retrouve** la ou les phrases qui illustrent chaque argument.

Garde bien à l'esprit que **l'exemple suit l'argument** et que l'on utilise toujours un terme précis avant un synonyme plus général *(ex : pissenlit / cette fleur)*.

THÈSE	L'Histoire, c'est un enrichissement
Argument A	phrase n°...
Développement A	phrase n°... phrase n°...
Argument B	phrase n°...
Développement B	phrase n°... phrase n°...
Argument C	phrase n°...
Développement C	phrase n°...

QUESTION N° 4

Plusieurs élèves ont écrit à Nancy Quadflieg pour lui faire part de leur avis sur sa nouvelle. Voici quelques extraits de leur prose. Pour chacun, entoure les critères d'évaluation qui te semblent respectés. Un extrait peut rencontrer plusieurs critères ou aucun.

Extrait	Critères d'évaluation
1. J'ai trouvé cette histoire amusante. On est vite attaché aux personnages dont les réactions sont parfois burlesques.	A. Il y a un avis personnel clair. B. L'avis repose sur plusieurs arguments différents. C. Chacun des arguments est correctement illustré.
2. Le récit présente une femme qui déplace des meubles de façon compulsive. Elle rencontre un philatéliste, un peu hors-norme lui aussi, et ils décident de vivre ensemble en tout bien tout honneur. Un jour, l'homme s'en va et la femme mettra plusieurs jours à connaitre la vérité sur ce départ.	A. Il y a un avis personnel clair. B. L'avis repose sur plusieurs arguments différents. C. Chacun des arguments est correctement illustré.
3. J'aime cette nouvelle, car elle repose sur des bases réalistes. On y rencontre une femme qui, sans être surnaturelle, est rejetée de la société humaine par sa maladie. C'est aussi l'histoire d'une rencontre émouvante, du moins pour moi. Même si l'auteure ne l'écrit jamais explicitement, on sent que les deux personnages s'aiment et qu'il serait difficile pour eux de se passer l'un de l'autre.	A. Il y a un avis personnel clair. B. L'avis repose sur plusieurs arguments différents. C. Chacun des arguments est correctement illustré.

QUESTION N° 4

4. L'homme est un personnage méticuleux ; sa passion pour les timbres illustre une grande capacité de classement. La femme l'est aussi, mais d'une façon plus problématique : là où son compagnon range des timbres, elle cherche un agencement de meubles parfait qu'elle ne trouvera jamais.	A. Il y a un avis personnel clair. B. L'avis repose sur plusieurs arguments différents. C. Chacun des arguments est correctement illustré.
5. Cette nouvelle me parle beaucoup car mon père est un passionné de meubles anciens. Je l'ai déjà aidé à déplacer une armoire comme celle du texte ; mieux vaut en effet ne pas faire de fausses manœuvres si on tient à ses doigts ! Les meubles en bois massif sont d'un poids incroyable. De plus, je suis moi-même un collectionneur de timbres.	A. Il y a un avis personnel clair. B. L'avis repose sur plusieurs arguments différents. C. Chacun des arguments est correctement illustré.

QUESTION N° 5

Voici un article rédigé selon la structure argumentative que tu connais.

Remets les quatre éléments dans l'ordre en recopiant le numéro de l'élément correspondant.

Élément	Numéro
Titre	
Présentation du problème	
Arguments	
Conclusion	

1

Auparavant, les meubles se transmettaient de génération en génération, l'armoire normande de la chambre de Papy passant au studio de la petite dernière. Les meubles étaient en bois massif, fabriqués pour traverser les ans. Une salle à manger nous accompagnait toute une vie et il n'était pas besoin d'en changer tous les cinq ans parce que les chaises se déboitaient ou que la table devenait branlante.

Aujourd'hui, tous se précipitent sur les meubles en kit qui se disent respectueux des forêts et rivalisent d'ingéniosité pour être tendance. L'argument choc : le prix !

Pourtant, en y regardant de plus près, il est souvent plus avantageux d'acheter en seconde main un meuble massif qu'un meuble en kit. Le prix d'achat est le même, mais il y a fort à parier que l'armoire traditionnelle résistera mieux à vos trois déménagements que le meuble que vous avez péniblement passé six heures à monter.

QUESTION N° 5

2

Meuble massif contre meuble en kit.

3

On peut être séduit par les sirènes de la mode et fondre pour les meubles en kit, mais ne justifions pas ce choix de consommation par des arguments écologiques ou économiques qui ne tiennent pas la route. Un meuble massif produit par un artisan sera toujours plus durable qu'une production en contreplaqué.

4

Les chiffres sont là pour le confirmer : les meubles en kit ont le vent en poupe ! Les meubles en bois massif ont moins la cote en raison de leur prix et de leur aspect parfois vieillot. Mais cette tendance n'est-elle pas une fausse bonne idée ?

Coup d'pouce !

Pour remettre ces extraits dans l'ordre, garde ces éléments en tête :

– le titre tient généralement en une seule phrase,

– la présentation du problème comporte souvent une interrogation,

– la conclusion est d'habitude un résumé de l'argument défendu par l'auteur.

QUESTION N° 6

Le texte suivant est lacunaire. Pour chaque numéro, entoure le mot qui doit apparaitre dans l'article.

Mots à placer	Article lacunaire
1. en / an 2. Juger / Jugé / Jugez 3. peux / peut / peu 4. enclenché / enclenchée 5. son / sont 6. quotidiene / quotidienne 7. Tout / Tous 8. fréquement / fréquemment 9. sais / s'est / sait 10. ses / ces / c'est 11. a / as / à 12. maitriser / maitrisé	*Pas facile de vivre avec un T.O.C. !* Les troubles obsessionnels compulsifs se transforment souvent en cauchemar pour la personne qui (1) est atteinte, mais également pour son entourage ! (2) plutôt : un malade (3), par exemple, vérifier de nombreuses fois que l'alarme du réveil matin est bien (4). Des dizaines de fois ! Difficile de dormir avec un conjoint qui passe (5) temps à se retourner dans le lit commun. Prenons aussi le cas d'une personne qui, parce qu'elle a peur de mal faire, exécute le moindre geste de la vie (6) avec une lenteur digne d'un escargot. Préparer un repas, placer les valises dans un coffre de voiture, mettre la table, assortir les couleurs de vêtements... (7) ces éléments prennent du temps pour le malade. Pour lui aussi, c'est compliqué car (8), il (9) que son comportement n'est pas normal. Malgré cela, il ne peut que difficilement s'empêcher de céder à (10) troubles. En définitive, les familles ne peuvent que se tourner vers un spécialiste qui, après de nombreuses rencontres, pourra peut-être aider l'individu atteint de T.O.C. (11) se (12).

QUESTION N° 7

Myriam, une élève de ton âge, a rédigé un avis sur le texte *L'acheminement du courrier dans la Rome antique*.

C'est un texte dont je recommanderais la lecture parce qu'il est présenté de façon très originale.

L'auteur écrit avec un dynamisme qui fait que je m'intéresse au sujet. À la base, je ne me soucie pas du tout de ce que pouvait être le système postal de la Rome antique, mais l'enthousiasme qui sort du texte (l'auteur connait son sujet et ça se sent) m'a motivée à aller au bout de l'article. J'en suis sortie heureuse d'avoir appris si facilement ! (1)

Un autre élément intéressant, c'est le style de l'article qui accroche au premier coup d'œil. L'auteur utilise des intertitres amusants. Par exemple, Plus fort que le courrier express : la poste impériale ! *est presque un slogan publicitaire ! Le texte s'adresse directement à nous, comme dans l'expression « nos ancêtres » et utilise des tournures de phrases qui rendent la lecture agréable. (2)*

Pour terminer, certaines comparaisons rendent le sujet tout à fait compréhensible pour tous les lecteurs. Pour finir, ce système ressemble fort au nôtre : si j'envoie un colis aux États-Unis, il passera aussi par divers relais, par différents moyens de transport. Nous n'avons aucune difficulté à imaginer la réalité des trajets postaux dans l'Antiquité. (3)

Pour justifier son appréciation, Myriam a utilisé et justifié trois critères liés à sa lecture. Indique, dans le tableau qui suit, le numéro de chaque partie de texte qui correspond au critère illustré.

Critères de lecture	Numéros des parties de texte
La façon de rédiger	
La vraisemblance	
L'effet sur le lecteur	

TÂCHE D'ÉCRITURE

Pour cette partie de l'examen, tu peux disposer de référentiels grammaticaux et d'une feuille de brouillon.

LA LETTRE

Tu as lu la nouvelle *Une armoire trop loin* de Nancy Quadflieg. As-tu apprécié ce récit ?
Écris à l'auteure pour lui faire part de ton avis argumenté. Celui-ci peut être nuancé.

Ton texte devra :

– explicitement donner un avis personnel
– comporter trois arguments développés et illustrés
– comporter entre 150 et 200 mots

Coup d'pouce !

Ce sujet te demande de respecter deux structures de textes étudiées au premier degré: la lettre et le texte argumenté. Après avoir rédigé un brouillon, pose-toi les questions suivantes :

- Mon texte respecte-t-il les caractéristiques de présentation de la lettre ?
- Mon avis est-il clairement exposé ?
- Mon avis repose-t-il bien sur trois arguments ?
- Chaque argument est-il correctement développé ?
- Ma lettre est-elle correctement rédigée: niveau de langue, ponctuation, paragraphes, orthographe... ?
- Ma lettre se termine-t-elle par une formule de politesse adéquate ?
- Ai-je bien compté le nombre de mots et reporté ce chiffre dans la case adéquate ?

Pour la comptabilisation des mots, ne tiens pas compte de la ponctuation, mais bien de CHAQUE mot que tu écris. Par exemple, la phrase « J'ai adoré le rythme du récit ; il est très soutenu » contient 11 mots.

Ton avis peut être nuancé, c'est-à-dire qu'il n'a pas à être totalement positif ou négatif. Dans le cas d'un avis nuancé, sépare bien le positif du négatif.

LA LETTRE

Si tu as des difficultés à diviser ton texte en paragraphes, suis les conseils suivants :

– Développe un paragraphe par grande idée du texte: un pour ton avis, un pour chaque argument, un dernier pour ta conclusion.

– Pour ordonner tes arguments, utilise une structure classique du type « d'abord, ensuite, enfin ».

Enfin, tu auras toujours la possibilité de t'auto-évaluer. Le CE1D présente toujours la grille de correction et les points attribués à chaque partie.

Elle est divisée comme suit :

– Genre : c'est le respect de la structure du type de texte à créer (une lettre, un article de presse, ...) et sa fluidité.

– Intention : il s'agit ici d'avoir correctement développé ton sujet. Tes arguments sont-ils valables ? Sont-ils illustrés ? Présentes-tu ton sujet au début du texte ? Ta conclusion est-elle acceptable ?

– Cohérence : ton texte est-il correctement segmenté en paragraphes ? Utilises-tu à bon escient les connecteurs logiques ? Fais-tu des erreurs dans l'utilisation des anaphores ?

– Langue: cela concerne ton orthographe, ta syntaxe (la manière dont tu construis tes phrases), ton lexique (ton vocabulaire) et ta ponctuation.

LA LETTRE

Ta lettre :

L'ARTICLE DE PRESSE

Tu as lu l'avis qu'Axel porte sur le cours d'Histoire. Quel est ton cours préféré ? Que t'apporte-t-il ? Rédige un article argumentatif pour le journal de l'école.

Ton texte comprendra :

- un titre,
- une introduction,
- quatre arguments développés,
- des intertitres,
- une conclusion.

Coup d'pouce !

Tu es toujours dans une tâche d'écriture argumentative, mais cette fois sous forme d'un article de presse.

Garde à l'esprit que :

– un bon titre est court et doit donner envie de lire l'article,

– un chapeau, qui est l'emplacement idéal pour une introduction, suit le titre et résume l'idée principale qui est développée dans le texte,

– les intertitres (inventes-en un par argument) résument en quelques mots la partie de l'article qu'ils introduisent,

– un article est toujours signé, ne fut-ce que par des initiales.

Ici, évidemment, ton avis ne peut pas être nuancé étant donné que tu présentes ton cours favori.

N'oublie pas que tes arguments doivent être valables pédagogiquement ! Argumenter que tu apprécies un cours parce que tu peux bavarder est difficilement recevable.

L'ARTICLE DE PRESSE

Ton article de presse :

L'ARGUMENTATION

Tu as pu découvrir un texte qui tentait de démontrer que les meubles massifs étaient, au final, plus avantageux économiquement et écologiquement que les meubles en kit bon marché. Quel est ton avis ? Rédige un texte dans lequel tu développeras trois arguments. Ton avis peut être nuancé.

Coup d'pouce !

Tu dois développer un texte argumentatif ; tu dois respecter, au contraire des sujets précédents, une structure de texte argumentative.

Pour une structure argumentative, procède de la manière suivante :

– un paragraphe pour ton avis,

– un paragraphe par argument développé. S'ils sont longs, tu devras peut-être en créer d'autres au sein d'un même argument,

– un paragraphe pour ta conclusion, dans laquelle tu réaffirmes ta position de départ.

L'ARGUMENTATION

Ton texte argumentatif :

ANNEXE

RETRANSCRIPTION DE LA COMPRÉHENSION À L'AUDITION

Bonjour ! Avant de passer aux questions qui nous intéressent aujourd'hui, pourriez-vous vous présenter en quelques mots ?

Bonjour, je m'appelle Géraldine et je suis psychologue.

Quelle serait, selon vous, la définition d'un T.O.C. ?

T.O.C. est l'abréviation utilisée pour désigner un « trouble obsessionnel compulsif ».

Un trouble est un état d'agitation, d'inquiétude, de confusion ou d'émotion dans lequel quelqu'un se trouve.

Le T.O.C. se caractérise par des idées obsédantes, des troubles anxieux. Ces obsessions contraignent la personne atteinte à accomplir des compulsions.

On peut donc dire que le T.O.C. se manifeste par une idée angoissante récurrente qui devient obsédante. Pour « conjurer » cette pensée et, ainsi, faire disparaitre momentanément l'angoisse dont elle souffre, la personne va adopter des comportements dits compulsifs. Ces compulsions se présentent sous forme de rituels (par exemple, l'angoisse des microbes va conduire la personne souffrant de T.O.C. à se laver les mains 100 fois par jour) ou peuvent aussi se manifester par des actes mentaux comme l'évitement (par exemple, éviter de toucher un tissu si la personne pense qu'il porte malheur).

La « déménagite» du personnage féminin d'*Une armoire trop loin* pourrait-elle être considérée comme un T.O.C. ou relève-t-elle d'une autre pathologie, d'un autre trouble ?

RETRANSCRIPTION DE LA COMPRÉHENSION À L'AUDITION

Dans le cas de notre protagoniste, j'opterais plus pour un diagnostic tourné vers le trouble anxieux généralisé plutôt que le T.O.C.

La différence principale réside dans le sentiment de responsabilité de la personne dans les malheurs ou problèmes risquant de survenir. Dans le trouble anxieux généralisé, la personne pense que les événements redoutés sont ceux de la vie, contre lesquels elle ne peut rien. Dans le T.O.C. au contraire, la personne se sent responsable des problèmes qui lui arrivent (d'où sa nécessité de tout maitriser ou vérifier pour éviter une catastrophe).

Ici, il me semble que la protagoniste s'en remet au destin, qu'elle accepte cette situation sans qu'elle prenne une part de responsabilité dans ce qui se joue dans sa vie.

L'alignement parfait recherché par ce personnage peut-il être comparé au classement parfait recherché par le philatéliste ?

On ne peut pas comparer ces deux aspects.
D'un côté, on parle d'alignement recherché par la jeune femme porteuse de la « déménagite ». On est dans un problème d'ordre pathologique, de la maladie psychiatrique.

De l'autre côté, pour le philatéliste, il s'agit d'une réponse apportée à ses insomnies. Ne trouvant pas le sommeil, il occupe ses nuits à ranger ses timbres. Tout au plus, on pourra parler d'un côté maniaque, d'une obsession ou encore de soins excessifs donnés à des détails. En parlant d'alignement parfait, on se réfère à la rigueur de ce loisir minutieux qui consiste à disposer des timbres selon un classement défini par le collectionneur. Cette passion pour la philatélie ne semble pas être un frein à sa vie sociale.

RETRANSCRIPTION DE LA COMPRÉHENSION À L'AUDITION

Le T.O.C. peut-il rapprocher deux personnes et créer un lien entre elles ?

Le T.O.C. d'une personne peut attirer l'attention sur elle, c'est-à-dire que le T.O.C. peut être une opportunité pour aller à la rencontre de l'autre.

Pour vous donner un exemple, chaque mercredi et samedi, jours du ramassage des ordures, j'observe l'un de mes voisins rassembler tous les sacs poubelle. De plus, il balaie tout le trottoir parfois plusieurs fois par jour. Il y met toute son énergie et son attention. D'un côté, c'est un grand avantage pour le voisinage, car tout est toujours très propre. Mais avec mon regard de psychologue, je m'aperçois que c'est plus qu'une « manie » chez lui, ça vire à l'obsession et il y a sûrement quelque chose qui peut expliquer ce comportement. Par ce comportement inhabituel, il a attiré mon attention sans même qu'il s'en aperçoive.

Bien que le T.O.C. puisse créer un lien entre deux personnes, il peut aussi détruire une relation si la personne souffrant de ce T.O.C. n'en a pas conscience ou qu'elle le sait, mais qu'elle n'est pas prête à se faire aider pour s'en débarrasser. Dans ce cas, le T.O.C. peut nuire à la vie sociale du détenteur, son trouble – incompris de son entourage – devient un facteur d'isolement.

Et bien, merci Géraldine pour ces informations. Nous en savons plus à présent sur les protagonistes d'*Une armoire trop loin* !

CORRECTIF

CORRECTIF

RÉCIT DE FICTION P. 18

QUESTION N° 1 P. 19

6 - 8 - 1 - 2 - 3 - 10 - 4 - 5 - 9 - 7

QUESTION N° 2 P. 20

- Il l'aide à décoincer le fauteuil.
- Elle l'invite à boire un thé.
- Ils papotent toute la nuit.

QUESTION N° 3 P. 21

- Ils sont insomniaques.
- Ils passent leurs nuits à ranger.
- Ils parlent peu.

QUESTION N° 4 P. 22

- parents / inquiets
- syndicats / épuisés
- médecins / dubitatifs
- femme / énergique
- homme / tranquille

QUESTION N° 5 P. 23

La crise de « déménagite » se déclenche le soir.

Plusieurs phrases peuvent justifier la réponse :

- « On savait juste que depuis qu'elle était gamine, elle dormait très mal et avait pris l'habitude de déménager ses meubles pour occuper ses nuits blanches. »
- « Chaque coucher de soleil occasionnait chez elle une excitation bienfaisante, une force physique et créatrice étonnante. »
- « Cette nuit-là justement, elle essayait de faire sortir un fauteuil par la fenêtre, résolue à ne plus le voir du tout, lorsqu'elle se trouva coincée. »

CORRECTIF

QUESTION N° 6 P. 24

La « bête » désigne le fauteuil. Ce meuble résiste, refuse de sortir, comme s'il s'agissait d'un animal.

QUESTION N° 7 P. 25

- un magasin d'ameublement suédois
- elle déplace les meubles / ses collègues ne retrouvent pas les marchandises le lendemain matin

QUESTION N° 8 P. 26

- il ne répond pas
- son manteau n'est plus là
- il ne revient jamais

QUESTION N° 9 P. 27

Il faut choisir l'avis C.

Justification :

- les deux personnages ne peuvent se passer l'un de l'autre
- il y a comme une évidence entre eux
- la compagnie de l'un faisait du bien à l'autre
- …

La phrase B était également envisageable parce que le personnage féminin perd son emploi et que la « déménagite » est considérée comme une maladie professionnelle MAIS il ne s'agit pas ici du message principal du texte.

QUESTION N° 10 P. 28

- le personnage ne peut garder un emploi
- le personnage vit la nuit
- elle ne sait pas communiquer

CORRECTIF

QUESTION N° 11 P. 29

Il faut retrouver les idées suivantes dans la réponse :

- armoire normande
- besoin de perfection poussé trop loin
- écrasement de son ami par l'armoire

QUESTION N° 12 P. 30

- philatélie / rangement de timbres
- rédaction d'articles

QUESTION N° 13 P. 31

Il faut retrouver l'idée que c'est cette armoire qui est la cause de leur rupture et donc du malheur de la femme. Il est par conséquent logique qu'elle veuille s'en débarrasser.

QUESTION N° 14 P. 32

- ils se tiennent compagnie
- ils échangent leurs expériences nocturnes
- il l'aide à bouger les meubles trop lourds

QUESTION N° 15 P. 33

L'insomnie.

QUESTION N° 16 P. 34

La réponse est « oui » puisque le texte stipule qu'il a le sourire aux lèvres.

QUESTION N° 17 P. 35

- interdite de classes vertes
- exclue de la cité étudiante de l'université
- licenciée de son travail
- déménagements à répétition à cause de ses voisins

CORRECTIF

QUESTION N° 18 P. 36

Qualité	Exemple
serviable	aide à dégager le fauteuil, à déplacer les meubles
calme	il s'exprimait calmement, parlait peu, était tranquille
simple	il ne lui faut que peu d'objets pour se sentir bien
fort	il est costaud
bon	il riait, s'amusait
sens pratique	un type capable de décoincer un fauteuil
doux	il caressait doucement les bras de sa compagne, avait une voix douce

QUESTION N° 19 P. 37

B - Lamentable

Comme on évoque ensuite son licenciement, l'effet ne pouvait être que négatif sur les clients ; il faut donc choisir le seul adjectif péjoratif.

QUESTION N° 20 P. 38

- que = les conseils
- l' = le personnage masculin
- en = qu'il avait quitté la chambre
- ça = ses activités, sa « déménagite »
- y = la maison

CORRECTIF

DOSSIER INFORMATIF P. 48

QUESTION N° 1 P. 49

- ~~timbrophilie~~ → philatélie
- ~~XVIII~~^{e} siècle → XIXe siècle
- pince à bout ~~carré~~ → pince à bout rond
- ~~Hiver & Taillé~~ → Yvert & Tellier

QUESTION N° 2 P. 50

L'apparition du timbre a permis au facteur de ne plus se faire flouer. En effet, avant l'introduction du petit papier collant, le porteur du courrier était payé lors de la réception du pli par son destinataire. Bien souvent, les gens tentaient de ne pas payer leur dû. En payant le courrier anticipativement, le facteur était déchargé des contraintes financières et pouvait se focaliser sur la livraison du courrier.

QUESTION N° 3 P. 51

1. Pour le citoyen lambda : donner la lettre à un ami ou à de la famille qui se rend auprès du destinataire.
2. Pour le citoyen aisé : employer un esclave qui porte la lettre au destinataire.
3. Pour l'administration : utiliser la poste impériale.

QUESTION N° 4 P. 52

Auguste met en place une poste afin de suivre les mouvements de ses troupes armées et de communiquer ses décrets jusqu'aux plus lointaines provinces romaines.

QUESTION N° 5 P. 52

Le premier timbre-poste a été émis au Royaume-Uni en 1840.

CORRECTIF

QUESTION N° 6 P. 53
Oui.
Le document 3.

QUESTION N° 7 P. 54
Document 4.
« il [le timbre] peut être une formidable source d'informations pour qui sait l'observer attentivement. »

QUESTION N° 8 P. 54
La réponse est dans le document 1.
Les timbres sont dentelés pour en faciliter le détachement.

QUESTION N° 9 P. 55
L'affirmation 1 est fausse. Voir document 2.
Ce système n'est pas complètement fiable et sera amélioré.
Autre réponse possible : c'est le même homme qui porte le message et qui change de monture.

L'affirmation 2 est vraie. Voir document 1.

« Certains pays utilisent d'autres supports tels que le carton, le plastique, la dentelle, le bois, la peluche et même... la feuille d'or ! »

L'affirmation 3 est fausse. Voir document 3.
Les timbres se décollent en les trempant dans un bol d'eau tiède.

QUESTION N° 10 P. 56
Ils ont en commun d'envoyer des messages avec des images.

QUESTION N° 11 P. 56
L'auteur établit la moyenne entre les lettres transportées par chariot (30 km/jour) et celles transportées par un cavalier (160 km/jour).

CORRECTIF

QUESTION N° 12 P. 57

Événement représenté	Éléments identificateurs
Le Tour de France	1. La carte de France 2. Eddy Merckx et son maillot jaune 3. Le texte « Tour de France » en bas à droite
La conférence de Yalta	1. Les trois personnages (Staline, Roosevelt, Churchill) 2. La carte de la nouvelle « découpe » de l'Europe 3. Le texte « Yalta » en haut à gauche

QUESTION N° 13 P. 58

Timbre 1 : Innovation scientifique et technologique (premiers pas sur la Lune)
Timbre 2 : Artiste (Charlie Chaplin)
Timbre 3 : Personnage de fiction (Le Petit Prince)
Timbre 4 : Animal (sanglier)
Timbre 5 : Commémoration (50 ans de l'indépendance du Congo)

COMPRÉHENSION À L'AUDITION P. 60

QUESTION N° 1 P. 61

Informer.

QUESTION N° 2 P. 61

Les réactions possibles aux T.O.C. sont :
- l'instauration de rituels
- l'installation d'actes mentaux tels que l'évitement

CORRECTIF

QUESTION N° 3 P. 62

Une obsession comme celle de la propreté peut être bénéfique pour tous et attirer la sympathie.

QUESTION N° 4 P. 62

La personne atteinte de T.O.C. se sent responsable de ce qui arrive. Celle atteinte de trouble anxieux généralisé est, au contraire, fataliste (elle imagine ne rien pouvoir changer à son destin).

QUESTION N° 5 P. 63

1. Faux - La personne réagit à certaines situations, c'est d'ailleurs ce qui provoque le T.O.C.
2. Faux - C'est une passion qui n'a pas d'influence sur la vie ou sur les relations sociales du philatéliste.
3. Vrai - L'entourage ne comprend plus la personne atteinte de T.O.C. et s'en détache.

QUESTION N° 6 P. 64

Trouble obsessionnel compulsif.

QUESTION N° 7 P. 64

- T.O.C. → Se laver les mains 100 fois par jour
- Passion → Philatélie
- Trouble anxieux généralisé → Déménager ses meubles en quête de l'alignement parfait

CORRECTIF

MAITRISE D'OUTILS LIÉS À LA TÂCHE D'ÉCRITURE P. 66

QUESTION N° 1 P. 67

Forme corrigée	Justification
rangés	Le participe passé *rangé* employé avec l'auxiliaire *être* s'accorde en genre et en nombre avec le sujet *ils*.
croise	Le sujet *on* est équivalent à *il* ou *elle* ; le verbe s'accorde à la 3e personne du singulier.
massif	L'adjectif *massif* s'accorde en genre et en nombre avec le nom *meuble*, donc au masculin singulier.
initiée	Le participe passé *initié* employé avec l'auxiliaire *avoir* s'accorde en genre et en nombre avec le complément direct du verbe qui le précède, *réforme postale*.
lavé	Le participe passé d'un verbe pronominal s'accorde en genre et en nombre avec le complément direct du verbe si celui-ci le précède. *Les mains* le suit, le participe passé reste donc invariable.
laissé	*Laissé* directement suivi d'un infinitif reste invariable.
montés	Le participe passé *monté* employé seul s'accorde, comme un adjectif, avec le nom *meubles* qu'il complète.
se	*Ce* est un déterminant, il faut utiliser ici le pronom *se*.

QUESTION N° 2 P. 70

Le timbre fut créé dès que ~~QUAND~~ de nombreuses fraudes furent CONSTATÉES.

ou *Le timbre fut créé ~~DÈS QUE~~ quand de nombreuses fraudes furent CONSTATÉES.*

CORRECTIF

Si le personnage POUVAIT déplacer l'armoire normande sans SE blesser, il le ferait.

Les deux personnages du récit n'arrivaient pas vraiment à COMMUNIQUER. ILS étaient INCAPABLES d'avoir une relation normale.

Je ne CONNAISSAIS pas du tout l'Histoire du timbre. C'EST assez impressionnant, cette réforme postale.

Auguste FIT organiser un complexe réseau postal et fit implanter des relais pour les chevaux.
ou *Auguste fera organiser un complexe réseau postal et FERA implanter des relais pour les chevaux.*

QUESTION N° 3 P. 72

THÈSE	L'Histoire, c'est un enrichissement
Argument A	phrase n°**6**
Développement A	phrase n°**1** phrase n°**4**
Argument B	phrase n°**8**
Développement B	phrase n°**2** phrase n°**7**
Argument C	phrase n°**3**
Développement C	phrase n°**5**

CORRECTIF

QUESTION N° 4 P. 74

Extrait 1 : A.

Extrait 2: aucun critère, le texte n'est qu'un simple résumé.

Extrait 3 : A, B et C.

Extrait 4 : C. Les arguments sont développés, mais ne peuvent reposer sur un avis car rien, dans l'extrait, ne permet de le connaitre, même implicitement.

Extrait 5 : A et B. Le dernier argument (« je suis moi-même un collectionneur de timbres ») n'est pas illustré.

QUESTION N° 5 P. 76

Élément	Numéro
Titre	**3**
Présentation du problème	**2**
Arguments	**1**
Conclusion	**4**

QUESTION N° 6 P. 78

1. en
2. Jugez
3. peut
4. enclenchée
5. son
6. quotidienne
7. Tous
8. fréquemment
9. sait
10. ses
11. à
12. maitriser

CORRECTIF

QUESTION N°7 P. 79

- La façon de rédiger : 2
- La vraisemblance : 3
- L'effet sur le lecteur : 1

TÂCHE D'ÉCRITURE P. 80

Le CE1D répartit approximativement les points comme suit:
- 12 % pour le genre,
- 40 % pour l'intention,
- 15 % pour la cohérence textuelle,
- 33 % pour la langue.

Pour obtenir la moitié des points, l'élève doit respecter les exigences suivantes :

Critères	Exigences pour obtenir 50%
Orthographe	Moins de 10% de fautes
Lexique et syntaxe	Moins de 4 erreurs
Ponctuation	Moins de 4 erreurs
Segmentation en paragraphes	Une erreur = 30 % des points
Anaphores et connecteurs : - pour un texte de 150 mots - pour un texte de 200 mots	 - Une erreur = 30 % des points - Deux erreurs = 30 % des points

L'élève doit être attentif au nombre d'arguments à développer. Il est très probable, pour donner un exemple, que si on lui demande de développer trois arguments et qu'il n'en développe qu'un, il soit sanctionné d'un zéro pour cette partie du texte.

Retrouvez-nous sur www.jereussis.info

et visitez notre page Facebook

- Des activités intelligentes
- Des livres à découvrir
- Des pages gratuites à télécharger
- Des conseils, des trucs et astuces

Dans la même collection...

© Jourdan Éditions — 5, avenue Paul de Lorraine — 1410 Waterloo
Imprimé en Europe
Dépot légal : D/2016/9685/09 - ISBN : 978-2-87546-182-7 - EAN : 9782875461827